Best Poems of Alexander Pushkin
Lost in Translation?

Translated by
Yuri Menis

To my son Dennis and my daughter-in-law Heather, who both are smart and wonderful, and my dearest grandson Max, with best wishes for a blissful and prosperous future.

Translator's Note

A sage once said that poetry was the only defense against the drudgery of life. Yes, it elevates and inspires. Yes, it is music to one's ears and food to one's mind. But is it translatable? Mozart cannot be translated into other kinds of music, can he? And if poetry is merely food for thought, why rhyme those rhythmic lines turning them into delectable tunes? In every attempt to translate poetry, where is the borderline, the balance between the heart and the mind? When does the beautiful yet torturous moment arrive for the translator to say: yes, now the music and meaning are in perfect harmony – I cannot do any better. But what if someone else might? What if someone else could still get closer to the original, having gained the most and lost the least?

And those are the moment and the impetus that drive translation of poetry. That's why the translator aspires to do better every time and catch a glimpse of perfection after so much strenuous work.

Enigmatically, my inspiration to translate the poetry of Boris Pasternak and Alexander Pushkin has come out of frustration with other translators' inadequacies and failures. And there has been a lot of them! All you need to do is compare with the original. But, of course, there is always the great desire to make magnificent Russian poets heard and appreciated by English speakers.

There is no one more important in the Russian literature and poetry than Alexander Pushkin. There is no task more difficult and noble than translate him into other languages. That said, Pushkin's poetry is an inseparable blend of delicious music and profound thought. Now we are back to beating our heads against the proverbial wall, which is really an elusive and obscure line for the translator to find and negotiate.

Let's see how it has worked out this time.

Table of Contents

Best Poems of Alexander Pushkin
Lost in Translation?

1

К *** Я помню чудное мгновенье...

Я помню чудное мгновенье:
Передо мной явилась ты,
Как мимолетное виденье,
Как гений чистой красоты.

В томленьях грусти безнадежной,
В тревогах шумной суеты,
Звучал мне долго голос нежный
И снились милые черты.

Шли годы. Бурь порыв мятежный
Рассеял прежние мечты,
И я забыл твой голос нежный,
Твои небесные черты.

В глуши, во мраке заточенья
Тянулись тихо дни мои
Без божества, без вдохновенья,
Без слез, без жизни, без любви.

Душе настало пробужденье:
И вот опять явилась ты,
Как мимолетное виденье,
Как гений чистой красоты.

И сердце бьется в упоенье,
И для него воскресли вновь
И божество, и вдохновенье,
И жизнь, и слезы, и любовь.

1

K*** I Didn't Forget the Wondrous Vision…

I didn't forget the wondrous vision
The day you first appeared to me
As an elusive apparition,
As genius of pure beauty's glee.

To haunting sadness I'd surrender,
To vainness on a noisy spree,
But then I'd hear your voice so tender;
Sweet features in my dreams I'd see.

Years passed. The storms of riotous temper
Dispelled my former reverie,
And I forgot your voice so tender,
Your features of divinity.

Far off, in chains of desperation
My days dragged on for long enough:
No grace divine, no inspiration,
No tears of joy, no life, no love.

My soul awakened from submission
The day you reappeared to me
As an elusive apparition,
As genius of pure beauty's glee.

My heart is beating in elation
And feels again the power of
The grace divine, and inspiration,
And tears of joy, and life, and love.

2

Я вас любил: любовь еще, быть может…

Я вас любил: любовь еще, быть может,
В душе моей угасла не совсем;
Но пусть она вас больше не тревожит;
Я не хочу печалить вас ничем.
Я вас любил безмолвно, безнадежно,
То робостью, то ревностью томим;
Я вас любил так искренно, так нежно,
Как дай вам бог любимой быть другим.

2

I Loved You, Yet My Heart Still Makes Me Wonder...

I loved you, yet my heart still makes me wonder
If all my love turned cold – perhaps not quite,
But may it nevermore disturb your slumber;
Upsetting you is furthest from my mind.
I loved you but was sad and silent oddly,
Now timorous, now jealous to excess;
I loved you, dear, as truthfully, as fondly
As you'll be loved, God grant, by someone else.

3

Зимнее утро

Мороз и солнце; день чудесный!
Еще ты дремлешь, друг прелестный —
Пора, красавица, проснись:
Открой сомкнуты негой взоры
Навстречу северной Авроры,
Звездою севера явись!

Вечор, ты помнишь, вьюга злилась,
На мутном небе мгла носилась;
Луна, как бледное пятно,
Сквозь тучи мрачные желтела,
И ты печальная сидела —
А нынче… погляди в окно:

Под голубыми небесами
Великолепными коврами,
Блестя на солнце, снег лежит;
Прозрачный лес один чернеет,
И ель сквозь иней зеленеет,
И речка подо льдом блестит.

Вся комната янтарным блеском
Озарена. Веселым треском
Трещит затопленная печь.
Приятно думать у лежанки.
Но знаешь: не велеть ли в санки
Кобылку бурую запречь?

Скользя по утреннему снегу,
Друг милый, предадимся бегу
Нетерпеливого коня
И навестим поля пустые,
Леса, недавно столь густые,
И берег, милый для меня.

3

Winter Morning

The frost and sunshine; day of wonder!
But you, my charmer, you still slumber -
Awake, O Beauty, and come forth;
Relinquish, pray, your dreambound aura
To meet the North's bright-eyed Aurora;
Come as a star born of the North!

Recall last night: the blizzard raging,
Through muddled skies the shadows racing;
The moon, a darkly pallid stain,
Was gleaming yellow in the blackness;
And there you sat consumed with sadness -
Look now ... outside the windowpane:

Beneath a perfect light-blue skyline,
The snow that sparkles in the sunshine
Like fascinating carpets lies;
The woods alone look dark but airy,
And hoary pines show green but barely,
And there's the stream that shines through ice.

All of the room is lit with amber
Resplendence. Gaily through the chamber,
The crackly furnace cracks away.
Some couch-made thoughts would be in order.
But wait: I think that we should order
Our good old mare into a sleigh.

And past the morning snowdrifts gliding,
Sweet friend, let's give ourselves to riding
Our quite impatient little horse,
Stop by the fields, forlorn and empty,
The woods where leaves were once in plenty -
All that I cherish on these shores.

4

Exegi Monumentum

Я памятник себе воздвиг нерукотворный,
К нему не зарастет народная тропа,
Вознесся выше он главою непокорной
Александрийского столпа.

Нет, весь я не умру — душа в заветной лире
Мой прах переживет и тленья убежит —
И славен буду я, доколь в подлунном мире
Жив будет хоть один пиит.

Слух обо мне пройдет по всей Руси великой,
И назовет меня всяк сущий в ней язык,
И гордый внук славян, и финн, и ныне дикой
Тунгус, и друг степей калмык.

И долго буду тем любезен я народу,
Что чувства добрые я лирой пробуждал,
Что в мой жестокий век восславил я Свободу
И милость к падшим призывал.

Веленью божию, о муза, будь послушна,
Обиды не страшась, не требуя венца,
Хвалу и клевету приемли равнодушно
И не оспоривай глупца.

4

Exegi Monumentum

My self-made monument I've not by hand created;
The people's path to it won't be by weeds besieged.
My statue's wayward head is proudly elevated
  Where Alexander's Column has not reached.

No, all of me won't die, but in the lyre I cherish
My soul will cheat the rot and past the dust survive.
In the sublunar world, my greatness cannot perish
  As long as one last poet is alive.

They'll want to talk of me when lauding Russia's greatness,
And every tongue she speaks will name me keeping step:
Proud Slavic grandsons, Finns, and Tunguses still tameless,
  In line with Kálmyks, darlings of the steppe.

And long will people treat me kindly for the reason
That faithfully my lyre sought sympathy and grace,
That in my heartless age I called for sacred Freedom
  And mercy on the fallen in disgrace.

Oh muse, remain alert to heed our Maker's calling;
Claim not a glorious crown nor fear a ridicule;
Be equally unmoved by slandering or lauding,
  And vie for nothing with a hopeless fool.

Брожу ли я вдоль улиц шумных…

Брожу ли я вдоль улиц шумных,
Вхожу ль во многолюдный храм,
Сижу ль меж юношей безумных,
Я предаюсь моим мечтам.

Я говорю: промчатся годы,
И сколько здесь ни видно нас,
Мы все сойдем под вечны своды —
И чей-нибудь уж близок час.

Гляжу ль на дуб уединенный,
Я мыслю: патриарх лесов
Переживет мой век забвенный,
Как пережил он век отцов.

Младенца ль милого ласкаю,
Уже я думаю: прости!
Тебе я место уступаю:
Мне время тлеть, тебе цвести.

День каждый, каждую годину
Привык я думой провождать,
Грядущей смерти годовщину
Меж их стараясь угадать.

И где мне смерть пошлет судьбина?
В бою ли, в странствии, в волнах?
Или соседняя долина
Мой примет охладелый прах?

5

If I Should Roam a Bustling City...

If I should roam a bustling city
Or enter churches with a crowd
Or sit with youths, now wild, now witty,
I ponder dreamy thoughts out loud.

I say: the years will keep on rolling.
Though many seem to be in luck,
We all shall hear oblivion tolling,
And someone's hour will soon have struck.

Should I observe an oak in silence,
I reason: well, this woodland sage
Will have outlived my age of slightness
As he outlived our fathers' age.

Should I caress a darling infant,
I think: forgive me all the gloom!
I'll cede my place to you this instant -
My time to smolder, yours to bloom.

Each passing day and hour that happen
I keep reflecting to surmise
How in their midst I am to fathom
The future date of my demise.

Where will the fate send death to tally?
In battle, sea waves, on the road?
Or yet perhaps a nearby valley
May hold my ashes turning cold?

И хоть бесчувственному телу
Равно повсюду истлевать,
Но ближе к милому пределу
Мне все б хотелось почивать.

И пусть у гробового входа
Младая будет жизнь играть,
И равнодушная природа
Красою вечною сиять.

And though, I'm sure, a lifeless body
Could not care less where's best to rot,
To rest in peace, like anybody,
I'd rather choose my natal spot.

And may young life at that tomb's entrance
Be playful as it comes in force
And placid nature shine with greatness
Of beauty – life's eternal source.

Анчар

В пустыне чахлой и скупой,
На почве, зноем раскаленной,
Анчар, как грозный часовой,
Стоит — один во всей вселенной.

Природа жаждущих степей
Его в день гнева породила
И зелень мертвую ветвей
И корни ядом напоила.

Яд каплет сквозь его кору,
К полудню растопясь от зною,
И застывает ввечеру
Густой прозрачною смолою.

К нему и птица не летит,
И тигр нейдет: лишь вихорь черный
На древо смерти набежит --
И мчится прочь, уже тлетворный,

И если туча оросит,
Блуждая, лист его дремучий,
С его ветвей, уж ядовит,
Стекает дождь в песок горючий.

Но человека человек
Послал к анчару властным взглядом,
И тот послушно в путь потек
И к утру возвратился с ядом.

6

The Tree of Evil

The upas, like a fearsome guard
In sands of dearth and deprivation,
Stands firm on soil by swelter scarred -
Alone it stands in all creation.

The nature of the thirsty steppes
Begot it on a day of mayhem
And soaked its tangled roots in depth
And dead green leaves with lethal venom.

The poison oozes through its bark
And melts at noon with sunlight blazing,
Then hardens as the night grows dark
Into translucent, thickened resin.

No bird flies over to the tree,
No tiger prowls, but just a vicious
Black gust assails it on a spree
And backs away, now turned pernicious.

And if a random cloud should spray
The torpid leaves before it passes,
The rain, hence noxious, slips away
Through fiery sands, off wicked branches.

A man, though, sent another man
By powers he had rights to foist on
To find the tree - the other ran
And in the morning fetched its poison.

Принес он смертную смолу
Да ветвь с увядшими листами,
И пот по бледному челу
Струился хладными ручьями;

Принес — и ослабел и лег
Под сводом шалаша на лыки,
И умер бедный раб у ног
Непобедимого владыки.

А царь тем ядом напитал
Свои послушливые стрелы
И с ними гибель разослал
К соседям в чуждые пределы.

He brought vile resin and a dead
Lone branch with leaves innately morbid,
And in profusion deathly sweat
Streamed down the runner's ashen forehead.

He did bring poison! Sick indeed,
He lay down drained beneath the rafter
And died, poor servant, at the feet
Of the unconquerable master.

The tsar with poison then imbued
His loyal arrows – on his orders
A deadly carnage soon ensued
At neighbors', well beyond his borders.

К морю

Прощай, свободная стихия!
В последний раз передо мной
Ты катишь волны голубые
И блещешь гордою красой.

Как друга ропот заунывный,
Как зов его в прощальный час,
Твой грустный шум, твой шум призывный
Услышал я в последний раз.

Моей души предел желанный!
Как часто по брегам твоим
Бродил я тихий и туманный,
Заветным умыслом томим!

Как я любил твои отзывы,
Глухие звуки, бездны глас
И тишину в вечерний час,
И своенравные порывы!

Смиренный парус рыбарей,
Твоею прихотью хранимый,
Скользит отважно средь зыбей:
Но ты взыграл, неодолимый,
И стая тонет кораблей.

Не удалось навек оставить
Мне скучный, неподвижный брег,
Тебя восторгами поздравить
И по хребтам твоим направить
Мой поэтический побег!

7

To the Sea

Farewell, O Blue Domain of Freedom!
For one last time before my eyes
You roll your pearly waves and lead them
To show how solemn beauty shines.

As if a friend's despondent grumble,
As if his call the hour he passed,
I hear your din, your wistful rumble,
For one last time before we part.

It's your expanse my soul did covet!
How oft your shores I would frequent
And wander, nebulous and quiet,
And nurse my innermost intent!

Oh, how I loved the sounds you fashion,
The thud, the voice of the abyss,
The quietude of evening bliss,
The waywardness of sudden passion!

Some fishermen's obedient sails
In your precarious safekeeping
Glide valorously on the waves,
But you, undaunted, come by sweeping -
And boats go down to their sea graves.

I've not excelled at circumventing
This shore, too placid, too sedate,
To offer you my praise unending
And cross your ridges, thereby sending
Away my poetry's escape!

Ты ждал, ты звал… я был окован;
Вотще рвалась душа моя:
Могучей страстью очарован,
У берегов остался я.

О чем жалеть? Куда бы ныне
Я путь беспечный устремил?
Один предмет в твоей пустыне
Мою бы душу поразил.

Одна скала, гробница славы…
Там погружались в хладный сон
Воспоминанья величавы:
Там угасал Наполеон.

Там он почил среди мучений.
И вслед за ним, как бури шум,
Другой от нас умчался гений,
Другой властитель наших дум.

Исчез, оплаканный свободой,
Оставя миру свой венец.
Шуми, взволнуйся непогодой:
Он был, о море, твой певец.

Твой образ был на нем означен,
Он духом создан был твоим:
Как ты, могущ, глубок и мрачен,
Как ты, ничем неукротим.

Мир опустел… Теперь куда же
Меня б ты вынес, океан?
Судьба земли повсюду та же:
Где капля блага, там на страже
Уж просвещенье иль тиран.

You called, you waited… I was shackled;
My soul was ravenous in vain:
By an unconquered passion staggered,
Around these shores I did remain…

What's to regret? I know wherever
I'd wander on my carefree way,
One spot amid your wastes forever
Would truly take my breath away.

One single rock, a tomb of glory…
And there, by death sleep overcome,
Lie memories, a stately story -
That's where Napoleon succumbed.

That's where he passed by torment anguished.
Behind him, like receding tides,
Another genius swiftly vanished,
Another ruler of our minds.

He slipped away bemoaned by freedom
And left the world his golden crown.
Make noise and surge, you, weather-beaten:
He was, O Sea, your singer proud.

Your imprint on him ever stronger,
He was your spirit's truthful son:
Like you, commanding, deep, and somber;
Like you, subservient to none.

The world is barren… And wherever
You, Ocean, rather carry me,
Earth's fate is just the same as ever:
A drop of good can't slip the tether -
Enlightenment or tyranny.

Прощай же, море! Не забуду
Твоей торжественной красы
И долго, долго слышать буду
Твой гул в вечерние часы.

В леса, в пустыни молчаливы
Перенесу, тобою полн,
Твои скалы, твои заливы,
И блеск, и тень, и говор волн.

Farewell, O Sea! With every sinew
I'll crave your beauty's solemn calls
And for a long, long time continue
To hear your din when evening falls.

To woods and sands I'll take your power;
I'll bring along with me and save
Your every cliff, your every harbor,
The shine and shadow of the wave.

8

Пророк

Духовной жаждою томим,
В пустыне мрачной я влачился,
И шестикрылый серафим
На перепутье мне явился.
Перстами легкими как сон
Моих зениц коснулся он:
Отверзлись вещие зеницы,
Как у испуганной орлицы.
Моих ушей коснулся он,
И их наполнил шум и звон:
И внял я неба содроганье,
И горний ангелов полет,
И гад морских подводный ход,
И дольней лозы прозябанье.
И он к устам моим приник,
И вырвал грешный мой язык,
И празднословный и лукавый,
И жало мудрыя змеи
В уста замершие мои
Вложил десницею кровавой.
И он мне грудь рассек мечом,
И сердце трепетное вынул,
И угль, пылающий огнем,
Во грудь отверстую водвинул.
Как труп в пустыне я лежал,
И бога глас ко мне воззвал:
«Восстань, пророк, и виждь, и внемли,
Исполнись волею моей,
И, обходя моря и земли,
Глаголом жги сердца людей».

8

The Prophet

When stricken by spiritual thirst,
Through gloomy sands I plodded onwards,
A six-winged seraph came to earth
And stood before me at a crossroads.
With weightless fingers of a dream
He gave my eyes a touch unseen:
My vatic eyes abruptly widened,
Like eagle's when she's badly frightened.
He gave my ears a touch unseen,
And noises filled them in a stream:
And I perceived how heavens shudder,
And angels take celestial flight,
And reptiles under water slide,
And valley vines outgrow each other.
And to my lips the seraph clung
And ripped clean out my sinful tongue,
Duplicitous as well as mindless,
And with his bloodied hand did bring
A perspicacious serpent's sting
Between my lips that froze in silence.
He slit my bosom with his sword
And pulled the heart out palpitating,
And in the gaping gash he brought
A red-hot coal with fire flaming.
A corpse in desert sands, I lay
And God appealed to me that day:
"Rise, prophet, hear and see all quarters;
It's you my bidding shall inspire,
And making rounds of lands and waters,
With Word set human hearts on fire."

Зимняя дорога

Сквозь волнистые туманы
Пробирается луна,
На печальные поляны
Льет печально свет она.

По дороге зимней, скучной
Тройка борзая бежит,
Колокольчик однозвучный
Утомительно гремит.

Что-то слышится родное
В долгих песнях ямщика:
То разгулье удалое,
То сердечная тоска…

Ни огня, ни черной хаты…
Глушь и снег… Навстречу мне
Только версты полосаты
Попадаются одне…

Скучно, грустно… Завтра, Нина,
Завтра, к милой возвратясь,
Я забудусь у камина,
Загляжусь не наглядясь.

Звучно стрелка часовая
Мерный круг свой совершит,
И, докучных удаляя,
Полночь нас не разлучит.

9

Winter Road

As the moon through misty shadows
Edges on her furtive glide,
She illumines cheerless meadows
With her cold and cheerless light.

Down the road of snowy loneness
Runs a troika on the way,
And its bell, distinctly toneless,
Tinkles wearily away.

Something near and dear is breaking
Through the coachman's endless song:
Now unbridled merrymaking,
Now a longing deep and strong...

Not one light, no blackened dwelling...
Snow and backwoods...as nearby
Only checkered markers trailing
By the roadside catch my eye...

Weary, dreary... Soon, sweet Nina,
I can't join you soon enough,
Sit and watch the fireplace glimmer,
Lost in looking at my love.

As the clock with heavy chiming
Ends a circle to restart,
Midnight will remove the prying -
But it cannot make us part.

Грустно, Нина: путь мой скучен,
Дремля смолкнул мой ямщик,
Колокольчик однозвучен,
Отуманен лунный лик.

Sadly, Nina, my road's dreary.
Hushed, the coachman must have napped,
And the sleigh bell sounds so weary,
And the moon in mist is wrapped.

10

Зимний вечер

Буря мглою небо кроет,
Вихри снежные крутя;
То, как зверь, она завоет,
То заплачет, как дитя,
То по кровле обветшалой
Вдруг соломой зашумит,
То, как путник запоздалый,
К нам в окошко застучит.

Наша ветхая лачужка
И печальна и темна.
Что же ты, моя старушка,
Приумолкла у окна?
Или бури завываньем
Ты, мой друг, утомлена,
Или дремлешь под жужжаньем
Своего веретена?

Выпьем, добрая подружка
Бедной юности моей,
Выпьем с горя; где же кружка?
Сердцу будет веселей.
Спой мне песню, как синица
Тихо за морем жила;
Спой мне песню, как девица
За водой поутру шла.

10

Winter Evening

Watch the blizzard wrap in shadows
Troubled skies and blasts blow wild.
Now a beast, it howls and harrows,
Now just whimpers like a child;
Now it rustles on the rooftop
Through the thatch in hopes to pass,
Now, a pilgrim on our doorstep,
Taps upon the window glass.

Yes, our little hut is faded;
It indeed is dark and sad.
Why so still, my good old lady,
By the window have you sat?
Has the snowstorm been so rowdy
You're too tired, my dear, to chat?
Does the humming make you drowsy
As the spindle weaves a strand?

Drink with me - we were such buddies
In my youth's precarious day;
Let me figure where the mug is -
Let us drink our grief away.
Sing to me of how the titmouse
In a foreign land got on,
How the maiden from the farmhouse
Carried water home at dawn.

Буря мглою небо кроет,
Вихри снежные крутя;
То, как зверь, она завоет,
То заплачет, как дитя.
Выпьем, добрая подружка
Бедной юности моей,
Выпьем с горя; где же кружка?
Сердцу будет веселей.

Watch the blizzard wrap in shadows
Troubled skies and blasts blow wild.
Now a beast, it howls and harrows,
Now just whimpers like a child.
Drink with me - we were such buddies
In my youth's precarious day;
Let me figure where the mug is -
Let us drink our grief away.

11

Цветок

Цветок засохший, безуханный,
Забытый в книге вижу я;
И вот уже мечтою странной
Душа наполнилась моя:

Где цвел? когда? какой весною?
И долго ль цвел? и сорван кем,
Чужой, знакомой ли рукою?
И положен сюда зачем?

На память нежного ль свиданья,
Или разлуки роковой,
Иль одинокого гулянья
В тиши полей, в тени лесной?

И жив ли тот, и та жива ли?
И нынче где их уголок?
Или уже они увяли,
Как сей неведомый цветок?

11

A Flower

A single flower, withered, scentless,
Left in a book, is all I see,
And as I wonder why it's senseless,
A quirky thought occurs to me:

Where did it bloom and when? Which season?
How long? Who picked it once and why?
A strange or friendly hand had reason
To place it in this book to dry?

In tribute of a tender meeting
Or parting, fateful as it was,
Or someone's solitary dreaming
In quiet fields and shady groves?

Is he alive? Has her life lingered?
And where's the place they now call home?
Or, sadly, have they both long withered
Like this odd flower left unknown?

12

Узник

Сижу за решеткой в темнице сырой.
Вскормленный в неволе орел молодой,
Мой грустный товарищ, махая крылом,
Кровавую пищу клюет под окном,

Клюет, и бросает, и смотрит в окно,
Как будто со мною задумал одно.
Зовет меня взглядом и криком своим
И вымолвить хочет: «Давай улетим!

Мы вольные птицы; пора, брат, пора!
Туда, где за тучей белеет гора,
Туда, где синеют морские края,
Туда, где гуляем лишь ветер… да я!..»

12

A Captive

The dungeon I'm locked in is dingy and stale.
An eagle who's handraised to feed by the jail,
My mate beats his wing in a wistful appeal
And pecks 'neath my window his blood-spattered meal.

He pecks it and flings and looks up from the ground
As if he and I had the same figured out.
He calls me away with a glance and a scream,
And wishes to utter, "Let's fly! We're a team.

We're free birds, my brother! Time… time we took flight
Where over the clouds there's a mountain in white,
Where sea worlds are blue 'neath a welcoming sky,
Where only the wind can let loose…so can I!.."

13

К Чаадаеву

Любви, надежды, тихой славы
Недолго нежил нас обман,
Исчезли юные забавы,
Как сон, как утренний туман;
Но в нас горит еще желанье,
Под гнетом власти роковой
Нетерпеливою душой
Отчизны внемлем призыванье.
Мы ждем с томленьем упованья
Минуты вольности святой,
Как ждет любовник молодой
Минуты верного свиданья.
Пока свободою горим,
Пока сердца для чести живы,
Мой друг, отчизне посвятим
Души прекрасные порывы!
Товарищ, верь: взойдет она,
Звезда пленительного счастья,
Россия вспрянет ото сна,
И на обломках самовластья
Напишут наши имена!

13

To Chaadáev

Our love and hope and quiet glory -
Those sweet deceptions did not last.
And like a dream or mist, the story
Of youthful follies is long passed.
But one desire is still enthralling:
Under the fateful power's yoke,
Our anxious souls are keen to cope
And heed our homeland's noble calling.
As sacred Liberty is dawning,
We crave her hour in pious hope,
Just as a wooer craves the stroke
Of trysting hour for sure befalling.
And while with freedom's fire we burn,
While hearts are still alive for honor,
My brother, to our homeland turn
And lavish deep devotion on her!
Have faith, my friend, there shall be light!
She'll rise, the star of pure elation!
When Russia does awake wide-eyed,
On shards of tyranny's ruination,
Our names will be incised with pride!

14

Песнь о вещем Олеге

Как ныне сбирается вещий Олег
Отмстить неразумным хозарам,
Их селы и нивы за буйный набег
Обрек он мечам и пожарам;
С дружиной своей, в цареградской броне,
Князь по полю едет на верном коне.

Из темного леса навстречу ему
Идет вдохновенный кудесник,
Покорный Перуну старик одному,
Заветов грядущего вестник,
В мольбах и гаданьях проведший весь век.
И к мудрому старцу подъехал Олег.

«Скажи мне, кудесник, любимец богов,
Что сбудется в жизни со мною?
И скоро ль, на радость соседей-врагов,
Могильной засыплюсь землею?
Открой мне всю правду, не бойся меня:
В награду любого возьмешь ты коня».

«Волхвы не боятся могучих владык,
А княжеский дар им не нужен;
Правдив и свободен их вещий язык
И с волей небесною дружен.
Грядущие годы таятся во мгле;
Но вижу твой жребий на светлом челе.

14

Song of the Wise Prince Olég

The wise Prince Olég has set out to repay
    Foolhardy Khazárs with a vengeance.
For pillage, their dwellings and pastures as prey
    To fire and sword the prince pledges;
In Tsárgrad fine armor, ahead of a force
Olég is off riding his favorite horse.

Here comes from the woods, deep in thoughts of his own,
    A warlock inspired like all sages,
An old man in service of Pérun alone,
    A harbinger of future ages,
In pleadings and witchcraft forever engaged.
The prince then rides over to talk to the sage.

"Now tell me, o wizard, the darling of Gods,
    How long shall I linger in comfort
And what, to the joy of my foes, are the odds
    With earth before long I'll be covered?
You don't need to fear me; let truth here be known.
Speak up and you'll have any horse that I own."

"No magus has fear of the mightiest lords
    Or welcomes their gifts when they're given;
Authentic and free are our vatical words
    And matched to the wisdom of heaven.
In darkness the future is hid anyhow,
But I see the fate on your luminous brow.

Запомни же ныне ты слово мое:
Воителю слава — отрада;
Победой прославлено имя твое;
Твой щит на вратах Цареграда;
И волны и суша покорны тебе;
Завидует недруг столь дивной судьбе.

И синего моря обманчивый вал
В часы роковой непогоды,
И пращ, и стрела, и лукавый кинжал
Щадят победителя годы…
Под грозной броней ты не ведаешь ран;
Незримый хранитель могущему дан.

Твой конь не боится опасных трудов;
Он, чуя господскую волю,
То смирный стоит под стрелами врагов,
То мчится по бранному полю.
И холод и сеча ему ничего…
Но примешь ты смерть от коня своего».

Олег усмехнулся — однако чело
И взор омрачилися думой.
В молчанье, рукой опершись на седло,
С коня он слезает, угрюмый;
И верного друга прощальной рукой
И гладит и треплет по шее крутой.

«Прощай, мой товарищ, мой верный слуга,
Расстаться настало нам время;
Теперь отдыхай! уж не ступит нога
В твое позлащенное стремя.
Прощай, утешайся — да помни меня.
Вы, отроки-други, возьмите коня,

Покройте попоной, мохнатым ковром;
В мой луг под уздцы отведите;
Купайте, кормите отборным зерном;
Водой ключевою поите».
И отроки тотчас с конем отошли,
А князю другого коня подвели.

Now heed what I tell you and mark every word:
    To warriors, glory is pleasure;
You've earned a great name by your glorious sword -
    Your shield hung in Tsárgrad its measure;
The sea and the earth both your orders await,
And foes are but jealous of this wondrous fate.

The ocean's high waves in a perilous string,
    Brought forth by calamitous weather,
The arrow, the blade, and the treacherous sling
    Have spared you in every endeavor...
You've suffered no wounds in your armor supreme;
Your power is guarded by forces unseen.

The horse of your choosing braves dangers and woes;
    He senses the sovereign's bidding
And stands unperturbed by the arrows of foes
    Or charges with speed unremitting.
Nor weather nor battle will make him retreat...
But trust me, your death shall ensue from your steed."

Olég gives a chuckle; however, his eye
    And forehead show somber reflection.
In thought, he alights from his horse with a sigh
    And quite overcome by dejection.
While parting, he offers the highest respect
By rubbing and stroking his friend on the neck.

"Farewell, my companion, you've served as one should;
Our breakup must be for a purpose.
Now rest and remember: no longer my foot
    Can step in your glittering stirrups.
Don't ever forget me; take solace henceforth.
You, warrior retinues, tend to my horse.

Bring over a blanket, untangle his mane,
    And lead him to my private pasture;
Provide with spring water, and feed with choice grain,
    And bathe as befitting his stature.
Away goes the steed at the prince's odd whim;
Another good horse is delivered to him.

Пирует с дружиною вещий Олег
При звоне веселом стакана.
И кудри их белы, как утренний снег
Над славной главою кургана…
Они поминают минувшие дни
И битвы, где вместе рубились они…

«А где мой товарищ? — промолвил Олег, —
Скажите, где конь мой ретивый?
Здоров ли? все так же ль легóк его бег?
Все тот же ль он бурный, игривый?»
И внемлет ответу: на холме крутом
Давно уж почил непробудным он сном.

Могучий Олег головою поник
И думает: «Что же гаданье?
Кудесник, ты лживый, безумный старик!
Презреть бы твое предсказанье!
Мой конь и доныне носил бы меня».
И хочет увидеть он кости коня.

Вот едет могучий Олег со двора,
С ним Игорь и старые гости,
И видят: на холме, у брега Днепра,
Лежат благородные кости;
Их моют дожди, засыпает их пыль,
И ветер волнует над ними ковыль.

Князь тихо на череп коня наступил
И молвил: «Спи, друг одинокой!
Твой старый хозяин тебя пережил:
На тризне, уже недалекой,
Не ты под секирой ковыль обагришь
И жаркою кровью мой прах напоишь!

Так вот где таилась погибель моя!
Мне смертию кость угрожала!»
Из мертвой главы гробовая змия,
Шипя, между тем выползала;
Как черная лента, вкруг ног обвилась,
И вскрикнул внезапно ужаленный князь.

A feast of the prince and his soldiers is on
　　To boisterous clinking of glasses.
Their locks are as white as a snowfall at dawn
　　When over a kurgan it passes...
The troops reminisce on the days of the past
And battles together they fought to the last...

"And where is my mate?", asks Olég amidst fun.
　　"My favorite horse, once so mighty?
Is he just as healthy, as light on the run,
　　As dashing as ever and sprightly?"
He hears their reply that a hill high and steep
Has sheltered his stallion's unbreakable sleep.

Encompassed by sadness, the mighty prince sits
　　Reflecting, "The presage is fiction?
Magician, old liar, you're out of your wits!
　　I wish I had spurned your prediction!
My horse would still bear me," he gravely bemoans
And wishes to see the old partner's dead bones.

Away rides Olég by his cavalry flanked
　　As Ígor and guests duly follow.
They see on a hill, by the Dnieper's broad bank,
　　The bones lying whitened and hollow;
They are covered with dust and showered by rains,
And winds sway the grass o'er the noble remains.

The prince puts his foot on the skull of the steed
　　And utters, " Your sleep, friend, is lonely!
Your master of old has survived you indeed,
　　And during my wake, which comes promptly,
You won't be the one, by a battle-ax cut,
To shower my ashes with streams of hot blood!

So that's what my doom was foretold to portend!
　　Some bones that have threatened my passing!".
He speaks and at once from the horse's dead head
　　A tomb snake slips out to harass him;
It wraps round his feet in a black-banded weave;
The bitten prince hollers in stunned disbelief.

Ковши круговые, запенясь, шипят
На тризне плачевной Олега;
Князь Игорь и Ольга на холме сидят;
Дружина пирует у брега;
Бойцы поминают минувшие дни
И битвы, где вместе рубились они.

The goblets of brotherhood sparkle and foam:
  The feast for Olég is in mourning;
Prince Ígor and Ólga sit by on their own
  As others share drink until morning.
The troops reminisce on the days of the past
And battles together they fought to the last.

Признание

Я вас люблю, -- хоть я бешусь,
Хоть это труд и стыд напрасный,
И в этой глупости несчастной
У ваших ног я признаюсь!
Мне не к лицу и не по летам…
Пора, пора мне быть умней!
Но узнаю по всем приметам
Болезнь любви в душе моей:
Без вас мне скучно,— я зеваю;
При вас мне грустно,— я терплю;
И, мочи нет, сказать желаю,
Мой ангел, как я вас люблю!
Когда я слышу из гостиной
Ваш легкий шаг, иль платья шум,
Иль голос девственный, невинный,
Я вдруг теряю весь свой ум.

Вы улыбнетесь — мне отрада;
Вы отвернетесь — мне тоска;
За день мучения — награда
Мне ваша бледная рука.
Когда за пяльцами прилежно
Сидите вы, склонясь небрежно,
Глаза и кудри опустя,—
Я в умиленье, молча, нежно
Любуюсь вами, как дитя!..
Сказать ли вам мое несчастье,
Мою ревнивую печаль,
Когда гулять, порой, в ненастье,
Вы собираетеся вдаль?
И ваши слезы в одиночку,
И речи в уголку вдвоем,

15

Confession

I love you though with rage I seethe,
Though it's a shame and strife ungodly,
And to my miserable folly
I am confessing at your feet!
Unseemly of my age, unsightly...
It's time, it's time I learnt enough!
But there are signs, so very likely,
Of sickness in my soul called love:
Without you, dear, I'm bored and yawning;
With you, I'm sad and lying low.
I cannot bear this constant yearning:
My angel, I do love you so!
When from the parlor you're emerging,
I hear light steps, a rustling dress,
A voice so innocent and virgin -
I lose my mind, I must confess.

You look and smile – I praise my fortune;
You look and frown – I dread I'm banned;
My prize for one whole day of torture
Is but your pale and weightless hand.
When to the tambour you have floated
And dropped your eyes and locks, devoted
To tasks that have engaged your mind,
I'm docile, moved, oh yes, I've noticed
And watch in wonder like a child!..
Should I reveal my grief unfettered
And jealous misery the day
You plan a stroll in nasty weather,
Intent on going, come what may?
And then your tears when feeling lonely,
And times we've chatted one-on-one,

И путешествие в Опочку,
И фортепьяно вечерком?..
Алина! сжальтесь надо мною.
Не смею требовать любви.
Быть может, за грехи мои,
Мой ангел, я любви не стою!
Но притворитесь! Этот взгляд
Всё может выразить так чудно!
Ах, обмануть меня не трудно!..
Я сам обманываться рад!

Trips to Opóchka, one and only,
And nights of piano music fun?..
Alina, I implore, have mercy!
I do not dare to claim your love.
My angel, I have sinned enough:
Perhaps, of no one's love I'm worthy!
But make-believe! Please, all I need
Is just this glance that makes things lovely!
You could deceive me even bluntly!
And I am game for self-deceit!

16

Поэту

Поэт! не дорожи любовию народной.
Восторженных похвал пройдет минутный шум;
Услышишь суд глупца и смех толпы холодной,
Но ты останься тверд, спокоен и угрюм.

Ты царь: живи один. Дорогою свободной
Иди, куда влечет тебя свободный ум,
Усовершенствуя плоды любимых дум,
Не требуя наград за подвиг благородный.

Они в самом тебе. Ты сам свой высший суд;
Всех строже оценить умеешь ты свой труд.
Ты им доволен ли, взыскательный художник?

Доволен? Так пускай толпа его бранит
И плюет на алтарь, где твой огонь горит,
И в детской резвости колеблет твой треножник.

16

To the Poet

None of the people's love, o poet, hanker after!
The fleeting noise of adulation will have passed;
You'll hear judgement from buffoons and crowds' chilling laughter -
All that aside, you, be serene and sullen and steadfast.

You are the tsar: live on your own. And in your kingdom
Roam free and choose the path on which free thought will guide;
Enhance the cherished fruit of your exquisite mind
While seeking no rewards for your grand deed but wisdom.

They are within you. You are your own highest judge;
Of all who weigh your work, you have the toughest touch.
Do you, exacting artist, wish to take it further?

Do you? Then let the crowds deride your work in turns,
And spit to soil the altar wherein your fire burns,
And sway your tripod in a fit of childish fervor.

17

Что в имени тебе моем...

Что в имени тебе моем?
Оно умрет, как шум печальный
Волны, плеснувшей в берег дальный,
Как звук ночной в лесу глухом.

Оно на памятном листке
Оставит мертвый след, подобный
Узору надписи надгробной
На непонятном языке.

Что в нем? Забытое давно
В волненьях новых и мятежных,
Твоей душе не даст оно
Воспоминаний чистых, нежных.

Но в день печали, в тишине,
Произнеси его тоскуя;
Скажи: есть память обо мне,
Есть в мире сердце, где живу я...

17

What's in My Name to You - What Good....

What's in my name to you – what good?
It is to die like mournful rumble
Of waves that reach the shore and tumble,
Like sounds of night die in a wood.

My name is in your notes among
Some marks devoid of life, reminding
Of epitaphs with letters winding
In an unfathomable tongue.

What's in it? All that has been lost
To new impetuous affections,
And for your soul it will have brought
No pure or tender recollections.

But on a day that's sad, low-key,
Say it with longing, softly telling:
There is a memory of me,
There is a heart in which I'm dwelling…

18

Демон

В те дни, когда мне были новы
Все впечатленья бытия —
И взоры дев, и шум дубровы,
И ночью пенье соловья, —
Когда возвышенные чувства,
Свобода, слава и любовь
И вдохновенные искусства
Так сильно волновали кровь, --
Часы надежд и наслаждений
Тоской внезапной осеня,
Тогда какой-то злобный гений
Стал тайно навещать меня.
Печальны были наши встречи:
Его улыбка, чудный взгляд,
Его язвительные речи
Вливали в душу хладный яд.
Неистощимой клеветою
Он провиденье искушал;
Он звал прекрасное мечтою;
Он вдохновенье презирал;
Не верил он любви, свободе;
На жизнь насмешливо глядел —
И ничего во всей природе
Благословить он не хотел.

18

The Demon

Those days I felt I was a novice
To life's impressions in my sight -
A maiden's glance, a rustling forest,
A singing nightingale at night,
When sentiments were elevated,
When glory, liberty, and love,
And arts inspiringly created
Were thrills that never seemed enough,
That time of hopefulness and sweetness
Was overshadowed by ennui:
It was the time a wicked genius
Began by stealth to visit me.
A sadness overcame our meetings:
His smile, his mystifying eye,
His biting, vitriolic speeches
Had poisoned me as days went by.
With endless slander freely streaming,
'Twas Providence he dared to tempt;
He called all beauty wishful dreaming;
He viewed afflatus with contempt.
Love… liberty was nothing major;
He held life up to ridicule;
Bless nothing in the whole of nature
Was his inexorable rule.

Если жизнь тебя обманет…

Если жизнь тебя обманет,
Не печалься, не сердись!
В день уныния смирись:
День веселья, верь, настанет.

Сердце в будущем живет;
Настоящее уныло:
Всё мгновенно, всё пройдет;
Что пройдет, то будет мило.

19

Should You Find that Life Deceived You....

Should you find that life deceived you,
Don't be sorry, don't be mad!
Take in stride the day you're sad;
Trust: a day of mirth will preview.

Future is the heart's best chance;
Present is by far too dreary:
All is fleeting, all will pass;
What will pass shall once be cheery.
.

20

Желание

Медлительно влекутся дни мои,
И каждый миг в унылом сердце множит
Все горести несчастливой любви
И все мечты безумия тревожит.
Но я молчу; не слышен ропот мой;
Я слезы лью; мне слезы утешенье;
Моя душа, плененная тоской,
В них горькое находит наслажденье.
О жизни час! лети, не жаль тебя,
Исчезни в тьме, пустое привиденье;
Мне дорого любви моей мученье —
Пускай умру, но пусть умру любя!

20

A Wish

The pace of life I lead is slow enough,
And every moment makes my heart more hapless,
And brings more grief of unrequited love,
And stirs more dreams replete with utter madness.
But I keep mum – my grumbling won't be heard;
I am in tears – they do allay the pressure;
My captive soul, by deep despondence hurt,
From tears derives a very bitter pleasure.
An hour of life! I won't feel sorry – fly!
Dissolve in darkness, ghost of idle leisure;
It's love's unending torment I so treasure;
I'll die, but it's in love I wish to die!

21

Не пой, красавица, при мне…

Не пой, красавица, при мне
Ты песен Грузии печальной:
Напоминают мне оне
Другую жизнь и берег дальный.

Увы! напоминают мне
Твои жестокие напевы
И степь, и ночь — и при луне
Черты далекой, бедной девы.

Я призрак милый, роковой,
Тебя увидев, забываю;
Но ты поешь — и предо мной
Его я вновь воображаю.

Не пой, красавица, при мне
Ты песен Грузии печальной:
Напоминают мне оне
Другую жизнь и берег дальный.

My Beauty, Do Not Sing for Me...

My beauty, do not sing for me
The songs of Georgia, land of sadness:
They bring to mind and make me see
Far shores and life that kept me anxious.

Alas! Your wicked tunes in me
Bring back the visions that awaken
The steppe, the night, the moon – as she
Lights up the face of one poor maiden!

Yes, when I see you, I forget
The ghost, though fateful yet so fetching,
But you do sing - and I am led
To memories my mind has etched in.

My beauty, do not sing for me
The songs of Georgia, land of sadness:
They bring to mind and make me see
Far shores and life that kept me anxious.

22

Ты и Вы

Пустое вы сердечным ты
Она, обмолвясь, заменила
И все счастливые мечты
В душе влюбленной возбудила.
Пред ней задумчиво стою,
Свести очей с нее нет силы;
И говорю ей: как вы милы!
И мыслю: как тебя люблю!

22

You and Thou

A casual slip - and she replaced
The vacant "you" with "thou" endearing,
Thus all glad dreams that I have chased
To hopes of love quite firmly steering.
In front of her I cannot budge;
I feast my eyes till I am giddy,
And then I tell her: you're so pretty -
But think indeed: love thee so much!

23

Друзьям

Нет, я не льстец, когда царю
Хвалу свободную слагаю:
Я смело чувства выражаю,
Языком сердца говорю.

Его я просто полюбил:
Он бодро, честно правит нами;
Россию вдруг он оживил
Войной, надеждами, трудами.

О нет, хоть юность в нем кипит,
Но не жесток в нем дух державный;
Тому, кого карает явно,
Он втайне милости творит.

Текла в изгнанье жизнь моя,
Влачил я с милыми разлуку,
Но он мне царственную руку
Простер — и с вами снова я.

Во мне почтил он вдохновенье,
Освободил он мысль мою,
И я ль, в сердечном умиленье,
Ему хвалы не воспою?

Я льстец! Нет, братья, льстец лукав:
Он горе на царя накличет,
Он из его державных прав
Одну лишь милость ограничит.

23

To Friends

No, I don't fawn upon the Tsar
But praise him freely in my verses;
I boldly let my feelings surface,
And my true heart tells what they are.

I've come to love him in my life:
With zest and honesty he steers us;
He called and Russia came alive
Through war and hope and effort fearless.

His youthful vigor overflows,
Yet stately spirit won't rule sternly;
On those he punishes overtly
In secret favors he bestows.

To life in exile I withdrew;
Away from dearest ones I languished,
But he extended to the banished
His hand – and I am back with you.

He prized in me my inspiration
And set my thought completely free.
By way of heartfelt adoration
Should praise of him be not from me?

No, I don't fawn! A fawner lies;
There's grief upon the Tsar he'll visit,
And of the Tsar's imperial rights
It's clemency alone he'll limit.

Он скажет: презирай народ,
Глуши природы голос нежный.
Он скажет: просвещенья плод —
Разврат и некий дух мятежный!

Беда стране, где раб и льстец
Одни приближены к престолу,
А небом избранный певец
Молчит, потупя очи долу.

He'll say: treat people with contempt;
Suppress the tender voice of nature.
He'll say: enlightenment we nurture
Breeds vice and mutinous intent.

Woe to the state where fawning knaves
That fringe the throne are summoned forward,
But heaven's choice, the poet, stays
Tight-lipped, his eyes in silence lowered.

24

19 октября

Усердно помолившись богу,
Лицею прокричав ура,
Прощайте, братцы: мне в дорогу,
А вам в постель уже пора.

24

October 19, 1828

I offered God my ardent prayer
And for Lyceum cried "hooray!";
Farewell, old chums, my time to fare
But yours to bed without delay.

25

Зачем я ею очарован...

Зачем я ею очарован?
Зачем расстаться должен с ней?
Когда б я не был избалован
Цыганской жизнию моей

Она глядит на вас так нежно,
Она лепечет так небрежно,
Она так тонко весела,
Ее глаза так полны чувством,
Вечор она с таким искусством
Из-под накрытого стола
Свою мне ножку подала!

25

Why Do I Find Her So Enchanting….

Why do I find her so enchanting?
Why must I promptly get away?
I guess I've been too pampered, granting
My gipsy life I can't betray.

She looks at you, her gaze so tender;
She prattles with so blithe a splendor;
She is so subtly in the mood;
Her eyes are so replete with feeling;
Last night her art was so appealing
When 'neath the table set with food,
She served me with her little foot!

26

Унылая пора...

Унылая пора! Очей очарованье!
Приятна мне твоя прощальная краса —
Люблю я пышное природы увяданье,
В багрец и в золото одетые леса,
В их сенях ветра шум и свежее дыханье,
И мглой волнистою покрыты небеса,
И редкий солнца луч, и первые морозы,
И отдаленные седой зимы угрозы.

26

Bleak Season of the Year...

Bleak season of the year! Enchantment ever-changing!
Your farewell beauty always pleases me so much;
I love with all my heart the nature's luscious waning,
The way the woods display her gold and crimson touch,
The freshness of the breeze that sends the treetops swaying,
The heaven's wavy gloom determined not to budge,
The rare sun and early frost not known for persistence,
And winter's snowy threats still looming in the distance.

Из письма к кн. П. А. Вяземскому

Блажен, кто в шуме городском
Мечтает об уединенье,
Кто видит только в отдаленье
Пустыню, садик, сельский дом,
Холмы с безмолвными лесами,
Долину с резвым ручейком
И даже… стадо с пастухом!
Блажен, кто с добрыми друзьями
Сидит до ночи за столом
И над славенскими глупцами
Смеется русскими стихами;
Блажен, кто шумную Москву
Для хижинки не покидает…
И не во сне, а наяву
Свою любовницу ласкает!..

27

Blessed Are They in Noisy Towns...

Blessed are they in noisy towns
Who dream about recluse existence,
Who see, if only at a distance,
A desert, garden, country house,
Some silent hills with wildwood covered,
A dale's swift brook beneath green boughs,
And, wow... a boy take sheep to browse!
Blessed are they who have not slumbered
But spent with friends the late night hours
To ridicule the Slavic dullard,
In Russian verses laid uncovered;
Blessed are they who won't redeem
The noisy Moscow for a hovel,
And quite for real, not in a dream,
Bestow caresses on a lover!..

28

Возрождение

Художник-варвар кистью сонной
Картину гения чернит
И свой рисунок беззаконный
Над ней бессмысленно чертит.

Но краски чуждые, с летами,
Спадают ветхой чешуей;
Созданье гения пред нами
Выходит с прежней красотой.

Так исчезают заблужденья
С измученной души моей,
И возникают в ней виденья
Первоначальных, чистых дней.

28

Resurrection

The brush of an artistic vandal
Begrimes the work by genius sired
And blindly draws in lawless gamble
Over the gem by all admired.

But time peels off the worthless colors
Till shabby scales can hold no more;
The work of genius to the others
Reveals its beauty as before.

Thus rid of bogus propositions
My tortured soul was led to chase,
It is hence open to the visions
Of very first unblemished days.

Монастырь на Казбеке

Высоко над семьею гор,
Казбек, твой царственный шатер
Сияет вечными лучами.
Твой монастырь за облаками,
Как в небе реющий ковчег,
Парит, чуть видный, над горами.

Далекий, вожделенный брег!
Туда б, сказав прости ущелью,
Подняться к вольной вышине!
Туда б, в заоблачную келью,
В соседство бога скрыться мне!..

The Cloister on Kazbék

Above the mountain kin, aloof,
Kazbék, your tented regal roof
Shines on with radiance eternal.
A cloister over clouds, your kernel,
An arc through skies dispatched to soar,
Is glimpsed where summits proudly circle.

Oh, coveted yet distant shore!
Forgiven by the gorge, I'd labor
High up to that unbridled spot!
To that monastic lofty chamber
I would retreat so close to God!..

30

Дар напрасный, дар случайный…

Дар напрасный, дар случайный,
Жизнь, зачем ты мне дана?
Иль зачем судьбою тайной
Ты на казнь осуждена?

Кто меня враждебной властью
Из ничтожества воззвал,
Душу мне наполнил страстью,
Ум сомненьем взволновал?..

Цели нет передо мною:
Сердце пусто, празден ум,
И томит меня тоскою
Однозвучный жизни шум.

30

Wasteful Gift, a Gift So Random...

Wasteful gift, a gift so random,
Life, you're granted me – but why?
Why by destiny unfathomed
You are sentenced and shall die?

Whose command in hostile fashion
Claimed me from the lowest kind,
Filled my soul with burning passion,
Stirred with doubt my open mind?..

Up ahead, I see no purpose,
Heart but empty, mind but vain,
And the din of life, all mirthless,
Sounds so wistfully mundane.

31

В часы забав иль праздной скуки…

В часы забав иль праздной скуки,
Бывало, лире я моей
Вверял изнеженные звуки
Безумства, лени и страстей.

Но и тогда струны лукавой
Невольно звон я прерывал,
Когда твой голос величавый
Меня внезапно поражал.

Я лил потоки слез нежданных,
И ранам совести моей
Твоих речей благоуханных
Отраден чистый был елей.

И ныне с высоты духовной
Мне руку простираешь ты,
И силой кроткой и любовной
Смиряешь буйные мечты.

Твоим огнем душа палима
Отвергла мрак земных сует,
И внемлет арфе серафима
В священном ужасе поэт.

31

In Times of Fun or Idle Boredom...

In times of fun or idle boredom,
To trust my lyre I was not loath
With pampered sounds profusely born of
My passion, recklessness and sloth.

But even then the string would falter
And cease unwittingly to sing -
Each time your voice, as from an altar,
Would strike me with its poignant ring.

My tears would come down in a torrent;
The fragrance of the talk you made
Was pure as holy oil on dormant
Deep wounds to conscience I'd sustained.

And now from a spiritual high ground
You look at me, your hand outstretched,
And with your poise and love unbound
Subdue my dreams, indeed far-fetched.

Singed in your flame, my soul is selfless
And spurns the gloom of earthly chore,
And here's your poet heeding breathless
The seraph's harp in sacred awe.

32

Во глубине сибирских руд...

Во глубине сибирских руд
Храните гордое терпенье,
Не пропадет ваш скорбный труд
И дум высокое стремленье.

Несчастью верная сестра,
Надежда в мрачном подземелье
Разбудит бодрость и веселье,
Придет желанная пора:

Любовь и дружество до вас
Дойдут сквозь мрачные затворы,
Как в ваши каторжные норы
Доходит мой свободный глас.

Оковы тяжкие падут,
Темницы рухнут — и свобода
Вас примет радостно у входа,
И братья меч вам отдадут.

32

Deep Down Forlorn Siberian Mines

Deep down forlorn Siberian mines,
Do not let go of solemn patience;
Your mournful toils will sway the minds,
So will your noble aspirations.

A faithful sister of distress,
The faintest hope in putrid dungeons
Will bring enjoyment and effulgence -
That longed-for time we all profess:

By love and kinship to rejoice
You will be reached in grim seclusion
The way in dens of retribution
You're reached by my untrammeled voice.

Your heavy chains, long overdue,
Will drop as jails collapse, and freedom
Shall greet you at the gate as freemen
And brothers hand their sword to you.

Дорожные жалобы

Долго ль мне гулять на свете
То в коляске, то верхом,
То в кибитке, то в карете,
То в телеге, то пешком?

Не в наследственной берлоге,
Не средь отческих могил,
На большой мне, знать, дороге
Умереть господь судил,

На каменьях под копытом,
На горе под колесом,
Иль во рву, водой размытом,
Под разобранным мостом.

Иль чума меня подцепит,
Иль мороз окостенит,
Иль мне в лоб шлагбаум влепит
Непроворный инвалид.

Иль в лесу под нож злодею
Попадуся в стороне,
Иль со скуки околею
Где-нибудь в карантине.

Долго ль мне в тоске голодной
Пост невольный соблюдать
И телятиной холодной
Трюфли Яра поминать?

33

Travel Woes

For how long the world I'll travel
In a buggy or on foot,
In a coach or in the saddle,
In a cart or sleigh to boot.

On the road, in our Lord's layout,
I'll most likely meet my doom -
Not in an ancestral hideout
Or an old familial tomb.

But beneath a hoof dismounting,
In a water flooded ditch,
Under wheels up on a mountain,
Or below a broken bridge.

Or perhaps the plague will net me,
Or a freeze turn into glass,
Or a slow attendant get me
With his toll bar as I pass.

Or I'll perish on the wayside,
Knifed by a waylaying rogue,
Or, when quarantined, in broad light
Out of boredom I may croak.

For how long, by hunger anguished,
I will keep a grudging fast,
Mourn with cold veal, when I'm famished,
Yar's choice truffles of the past?

То ли дело быть на месте,
По Мясницкой разъезжать,
О деревне, о невесте
На досуге помышлять!

То ли дело рюмка рома,
Ночью сон, поутру чай;
То ли дело, братцы, дома!..
Ну, пошел же, погоняй!..

Staying home - what better pleasure:
Down Miasnítskaya to ride,
Contemplating at one's leisure
Country living and a bride!

Shots of rum - what stronger preference,
Sleep at night, tea in a cup;
Staying put makes all the difference!..
Faster, coachman, speed it up!..

У лукоморья дуб зелёный...

У лукоморья дуб зелёный;
Златая цепь на дубе том:
И днём и ночью кот учёный
Всё ходит по цепи кругом;
Идёт направо — песнь заводит,
Налево — сказку говорит.
Там чудеса: там леший бродит,
Русалка на ветвях сидит;
Там на неведомых дорожках
Следы невиданных зверей;
Избушка там на курьих ножках
Стоит без окон, без дверей;
Там лес и дол видений полны;
Там о заре прихлынут волны
На брег песчаный и пустой,
И тридцать витязей прекрасных
Чредой из вод выходят ясных,
И с ними дядька их морской;
Там королевич мимоходом
Пленяет грозного царя;
Там в облаках перед народом
Через леса, через моря
Колдун несёт богатыря;
В темнице там царевна тужит,
А бурый волк ей верно служит;
Там ступа с Бабою Ягой
Идёт, бредёт сама собой,
Там царь Кащей над златом чахнет;
Там русский дух... там Русью пахнет!
И там я был, и мёд я пил;
У моря видел дуб зелёный;
Под ним сидел, и кот учёный
Свои мне сказки говорил.

An Oak Tree Stands at Lukomórie

An oak tree stands at Lukomórie;
That oak is with a gold chain bound:
A Learned Tomcat, trust my story,
Walks down the chain day in, day out.
If he heads right, he breaks out singing;
If left, he tells a fairytale.
Some wonders there: a goblin springing,
Up on a branch a mermaid frail;
It's there the paths by man untrodden
Bear tracks of beasts unseen before;
A hut with hen's feet on the bottom
Stands there - no windows or a door;
The wood and dale there crawl with specters;
It's there, at dawn, a tide wave enters
Upon a lonely sandy reef,
And thirty knights in perfect order
Emerge as one out of the water,
Along with them their deep-sea chief;
It's there a prince without much effort
Takes captive a ferocious tsar;
And over woods and seas, a wizard
Drags on a hero as they spar
While folks stand watching from afar;
A grieving princess, dungeon hermit,
Is helped there by a wolf, her servant;
It's there a mortar with a witch
Rides by itself without a hitch;
Kaschéi craves gold there growing wicked;
There's smell of Rus there… Russian spirit!
I've been there too and drunk some mead;
I saw that oak tree, which I stopped at,
And as I sat, the Learned Tomcat
Told me his stories as a treat.

Арион

Нас было много на челне;
Иные парус напрягали,
Другие дружно упирали
В глубь мощны веслы. В тишине
На руль склонясь, наш кормщик умный
В молчанье правил грузный челн;
А я — беспечной веры полн, —
Пловцам я пел... Вдруг лоно волн
Измял с налету вихорь шумный...
Погиб и кормщик и пловец! —
Лишь я, таинственный певец,
На берег выброшен грозою,
Я гимны прежние пою
И ризу влажную мою
Сушу на солнце под скалою.

35

Arion

We were quite many in the boat;
Some strained the sail to keep it flying;
Some stubbornly continued prying
The depth with mighty oars. Afloat
We stayed led by our skillful helmsman,
Who calmly steered the heavy craft,
And I, with jocund faith, stood aft -
I sang for them... At once a blast
Deranged the waves with force unwelcome...
Dead was the helmsman, all the boys!
And only I, mysterious voice,
Was cast ashore amid the tempest.
The hymns I sing are still the same;
Beneath this cliff I shall remain
And let the sun dry up my vestment.

36

Бесы

Мчатся тучи, вьются тучи;
Невидимкою луна
Освещает снег летучий;
Мутно небо, ночь мутна.
Еду, еду в чистом поле;
Колокольчик дин-дин-дин…
Страшно, страшно поневоле
Средь неведомых равнин!

«Эй, пошел, ямщик!..» — «Нет мочи:
Коням, барин, тяжело;
Вьюга мне слипает очи;
Все дороги занесло;
Хоть убей, следа не видно;
Сбились мы. Что делать нам!
В поле бес нас водит, видно,
Да кружит по сторонам.

Посмотри: вон, вон играет,
Дует, плюет на меня;
Вон — теперь в овраг толкает
Одичалого коня;
Там верстою небывалой
Он торчал передо мной;
Там сверкнул он искрой малой
И пропал во тьме пустой».

36

Demons

Clouds are surging, clouds are swerving;
Indiscernible, the moon
Lights the snowstorm madly swirling;
Sky's all darkness, night's all gloom.
On and on… I keep on riding,
And the sleigh bell goes ding-dong…
Scary, scary is this winding
Road through nowhere, dark and long!

"Faster, coachman!..." - "Who would take it!
Tough, my lord, no horse can win;
Blinding gusts won't let us make it;
Roads and byways are snowed in;
On my life, no tracks to lead us;
What to do? We've lost the way!
And it's probably by demons
We've been tricked and led astray.

Look, right there, there's one, it's spitting,
Bouncing, blowing hard at me;
Now it sends the horses slipping
Off the road into a tree;
As a milepost no one heard of
It just stuck up in the dark;
Now it's gone through blackness further,
Having darted like a spark."

Мчатся тучи, вьются тучи;
Невидимкою луна
Освещает снег летучий;
Мутно небо, ночь мутна.
Сил нам нет кружиться доле;
Колокольчик вдруг умолк;
Кони стали… «Что там в поле?» --
«Кто их знает? пень иль волк?»

Вьюга злится, вьюга плачет;
Кони чуткие храпят;
Вот уж он далече скачет;
Лишь глаза во мгле горят;
Кони снова понеслися;
Колокольчик дин-дин-дин…
Вижу: духи собралися
Средь белеющих равнин.

Бесконечны, безобразны,
В мутной месяца игре
Закружились бесы разны,
Будто листья в ноябре…
Сколько их! куда их гонят?
Что так жалобно поют?
Домового ли хоронят,
Ведьму ль замуж выдают?

Мчатся тучи, вьются тучи;
Невидимкою луна
Освещает снег летучий;
Мутно небо, ночь мутна.
Мчатся бесы рой за роем
В беспредельной вышине,
Визгом жалобным и воем
Надрывая сердце мне…

Clouds are surging, clouds are swerving;
Indiscernible, the moon
Lights the snowstorm madly swirling;
Sky's all darkness, night's all gloom.
No more strength is left to wander;
Silent is the jingle bell;
Look, the horses balked... "What's yonder?"
"Wolves, a tree stump? Who can tell?"

Storm is raging, storm is raving;
Hark, the horses snort in fright;
Onward is the demon racing;
In the dark its eyes are bright.
Now the horses strain the tether,
And the sleigh bell goes ding-dong...
I see spirits get together -
Out of nowhere there's a throng.

Undefinable, unsightly,
Demons circle as they please
In the crescent's murky motley,
Spinning like November leaves...
Whereto driven? Why so many?
What's the wailing song they pitch?
There's a domovói to bury?
Do they marry off a witch?

Clouds are surging, clouds are swerving;
Indiscernible, the moon
Lights the snowstorm madly swirling;
Sky's all darkness, night's all gloom.
Swarms on swarms of demons prowling -
At a boundless height they dart;
With their mournful screams and howling,
They are out to break my heart...

Вакхическая песня

Что смолкнул веселия глас?
Раздайтесь, вакхальны припевы!
Да здравствуют нежные девы
И юные жены, любившие нас!
Полнее стакан наливайте!
На звонкое дно
В густое вино
Заветные кольца бросайте!
Подымем стаканы, содвинем их разом!
Да здравствуют музы, да здравствует разум!
Ты, солнце святое, гори!
Как эта лампада бледнеет
Пред ясным восходом зари,
Так ложная мудрость мерцает и тлеет
Пред солнцем бессмертным ума.
Да здравствует солнце, да скроется тьма!

A Bacchic Song

Why's feasting not raucous enough?
Bring Bacchic songs on with a vengeance!
Hail, all the affectionate maidens
And wives who have blossomed to give us their love!
Let's pour to the brim of our glasses!
Let each of us fling
His most cherished ring
In wine amid jubilant splashes!
Now raise all the glasses and toast our cohesion!
Hail, heavenly muses; hail, power of reason!
You, sun, the most hallowed, do burn!
And just as this candle is waiting
To wane in the daylight's return,
So spurious wisdom is twinkling and fading
In awe of the mind's timeless sun.
Hail, sun, the immortal; may darkness be done!

38

Деревня

Приветствую тебя, пустынный уголок,
Приют спокойствия, трудов и вдохновенья,
Где льется дней моих невидимый поток
На лоне счастья и забвенья.
Я твой: я променял порочный двор цирцей,
Роскошные пиры, забавы, заблужденья
На мирный шум дубров, на тишину полей,
На праздность вольную, подругу размышленья.

Я твой: люблю сей темный сад
С его прохладой и цветами,
Сей луг, уставленный душистыми скирдами,
Где светлые ручьи в кустарниках шумят.
Везде передо мной подвижные картины:
Здесь вижу двух озер лазурные равнины,
Где парус рыбаря белеет иногда,
За ними ряд холмов и нивы полосаты,
Вдали рассыпанные хаты,
На влажных берегах бродящие стада,
Овины дымные и мельницы крилаты;
Везде следы довольства и труда…

Я здесь, от суетных оков освобожденный,
Учуся в истине блаженство находить,
Свободною душой закон боготворить,
Роптанью не внимать толпы непросвещенной,
Участьем отвечать застенчивой мольбе
И не завидывать судьбе
Злодея иль глупца — в величии неправом.

38

In the Country

I gladly welcome you, deserted, lonesome nook,
The refuge of repose and toils and inspiration,
Wherein my days meander like a hidden brook
Between abeyance and elation.
I'm yours: I did abandon Circes' evil court,
The lavish feasts, the games, the ill-placed dedication
And took these rustling groves, these fields of quiet thought,
This footloose indolence, a friend of meditation.

I'm yours: I love this garden's dark,
Its shaded coolness and its flowers,
This haystack-studded mead perfumed by morning showers,
Where lucid brooks in shrubs on noisy routes embark.
And everywhere I look I see but moving pictures:
Two lakes whose azure glaze in sunlight softly flickers,
Where fishermen's white sail at times will draw the stare;
Behind the lakes are hills and fields where in the fringes
Some peasant huts keep up their daily vigils;
Wayfaring cattle on the wet shore here and there,
A row of smoky barns along with wingy windmills;
The signs of toil and plenty everywhere…

Like nowhere else my mind of vanity unfettered,
It's here I learn to see the blissfulness of truth,
Revere the rule of law with all my soul let loose,
Ignore the crowd as raucous as it is unlettered,
With empathy respond to any bashful plea,
And envy not the destiny
Of villains or buffoons in their unrightful grandeur.

Оракулы веков, здесь вопрошаю вас!
В уединеньи величавом
Слышнее ваш отрадный глас.
Он гонит лени сон угрюмый,
К трудам рождает жар во мне,
И ваши творческие думы
В душевной зреют глубине.

Но мысль ужасная здесь душу омрачает:
Среди цветущих нив и гор
Друг человечества печально замечает
Везде невежества убийственный позор.
Не видя слез, не внемля стона,
На пагубу людей избранное судьбой,
Здесь барство дикое, без чувства, без закона,
Присвоило себе насильственной лозой
И труд, и собственность, и время земледельца.
Склонясь на чуждый плуг, покорствуя бичам,
Здесь рабство тощее влачится по браздам
Неумолимого владельца.
Здесь тягостный ярем до гроба все влекут,
Надежд и склонностей в душе питать не смея,
Здесь девы юные цветут
Для прихоти бесчувственной злодея.
Опора милая стареющих отцов,
Младые сыновья, товарищи трудов,
Из хижины родной идут собой умножить
Дворовые толпы измученных рабов.
О, если б голос мой умел сердца тревожить!
Почто в груди моей горит бесплодный жар
И не дан мне судьбой витийства грозный дар?
Увижу ль, о друзья! народ неугнетенный
И рабство, падшее по манию царя,
И над отечеством свободы просвещенной
Взойдет ли наконец прекрасная заря?

It's here I ask of you, the oracles of time!
In stately solitude of nature
More clearly your happy voices chime.
They bar the sloth's ignoble slumbers
And fire me up to toil with strength,
And your creative thinking summons
Grand thoughts from a spiritual depth.

Yet here a dreadful thought denies the soul its solace:
Among the fields and hills in bloom,
A friend of humankind will sorrowfully notice
The shame of ignorance that casts a hideous gloom.
Here blind to tears and deaf to moaning,
But picked by fate itself to be the people's bane,
The savage bárstvo, with a lawless, senseless gloating,
Embezzled, by the virtue of the ruthless cane,
The time and property and labor of the grower.
Behind the borrowed plow, head bowed to the whip,
Here haggard slavery tills cropland tip to tip
In service of the ruthless owner.
It's here all drag a taxing burden to the death,
By neither slightest hope nor inclination driven;
Here fairest maids are blessed with health
To serve the whim of the insensate villain.
And those who are their aging fathers' prized support -
Young sons whose comradeship in toils is always sought -
Walk out of natal homes and march away to strengthen
The ranks of weary slaves amidst their landlord's horde.
If only could my voice arouse the hearts of brethren!
Why barren is the fiery ardor I possess
And fate has not endowed me with fearsome eloquence?
My friends, am I to see a people no more slighted
And slavery struck down by powers of the Tsar,
And will my homeland watch, by liberty enlightened,
The long-awaited rise of the resplendent star?

Жил на свете рыцарь бедный…

Жил на свете рыцарь бедный,
Молчаливый и простой,
С виду сумрачный и бледный,
Духом смелый и прямой.

Он имел одно виденье,
Непостижное уму,
И глубоко впечатленье
В сердце врезалось ему.

Путешествуя в Женеву,
На дороге у креста
Видел он Марию деву,
Матерь господа Христа.

С той поры, сгорев душою,
Он на женщин не смотрел,
И до гроба ни с одною
Молвить слова не хотел.

С той поры стальной решетки
Он с лица не подымал
И себе на шею четки
Вместо шарфа привязал.

Несть мольбы Отцу, ни Сыну,
Ни святому Духу ввек
Не случилось паладину,
Странный был он человек.

There Once Lived a Knight of Valor...

There once lived a knight of valor,
Plain and silent all day long,
Glum and in complexion sallow
But in spirit brave and strong.

So one day he had a vision
Overwhelming to the mind,
And the image that had risen
Shook his soul deep down inside.

On Geneva Road, quite weary,
By a wayside cross he paused
And beheld the Virgin Mary,
Holy Mother of our Lord.

Ever since, his soul astounded,
From seeing women he'd demurred
And till death, by feelings bounded,
Would not say to one a word.

Ever since he had not lifted
Metal covers off his face;
For a scarf, a prayer chaplet
He devoutly kept in place.

Father, Son and Holy Spirit
Never heard the paladin
Say his prayers for a minute -
So bizarre a man he'd been.

Проводил он целы ночи
Перед ликом пресвятой,
Устремив к ней скорбны очи,
Тихо слезы лья рекой.

Полон верой и любовью,
Верен набожной мечте,
Ave, Mater Dei кровью
Написал он на щите.

Между тем как паладины
Ввстречу трепетным врагам
По равнинам Палестины
Мчались, именуя дам,

Lumen coelum, sancta Rosa!
Восклицал всех громче он,
И гнала его угроза
Мусульман со всех сторон.

Возвратись в свой замок дальный,
Жил он строго заключен,
Все безмолвный, все печальный,
Без причастья умер он;

Между тем как он кончался,
Дух лукавый подоспел,
Душу рыцаря сбирался
Бес тащить уж в свой предел:

Он-де богу не молился,
Оп не ведал-де поста,
Не путем-де волочился
Он за матушкой Христа.

Но пречистая сердечно
Заступилась за него
И впустила в царство вечно
Паладина своего.

Every night in awe he'd wallow
By the image of her face,
Gazing silently in sorrow,
Shedding pools of tears with grace.

On his shield the knight had written
Ave, Mater Dei in blood,
By his faith and feelings smitten,
In his pious dreaming stunned.

When the paladins dashed onward
Through the plains of Palestine,
Naming ladies to be honored,
Keeping enemies in line,

Lumen coelum, sancta Rosa
Was by far his loudest call,
And his threat as he got closer
Rattled muslims, one and all.

Back in his outlying castle,
To seclusion he was doomed
And, as silent and bedazzled,
Passed to join the uncommuned.

Right before the good knight's passing,
Evil demons reached his home:
For his soul, as he was gasping,
Was to go where they were from.

Had he prayed to God, our master?
Had his fasting proven right?
Had he not been going after
Holy Mother of our Christ?

But with her eternal wisdom
Holy Mother stepped right in
And admitted to God's kingdom
Her most favored paladin.

Заклинание

О, если правда, что в ночи,
Когда покоятся живые,
И с неба лунные лучи
Скользят на камни гробовые,
О, если правда, что тогда
Пустеют тихие могилы, —
Я тень зову, я жду Леилы:
Ко мне, мой друг, сюда, сюда!

Явись, возлюбленная тень,
Как ты была перед разлукой,
Бледна, хладна, как зимний день,
Искажена последней мукой.
Приди, как дальная звезда,
Как легкий звук иль дуновенье,
Иль как ужасное виденье,
Мне все равно: сюда, сюда!..

Зову тебя не для того,
Чтоб укорять людей, чья злоба
Убила друга моего,
Иль чтоб изведать тайны гроба,
Не для того, что иногда
Сомненьем мучусь… но, тоскуя,
Хочу сказать, что все люблю я,
Что все я твой: сюда, сюда!

An Incantation

Oh, if it's true that in the night
When sleep has overcome the living
And from the sky the moonbeams glide
Across the tombstones unforgiving,
Oh, if it's true that there appear
All those from graves and leave them hollow,
I call a shadow, wait in sorrow:
My Leila, love, I'm here! I'm here!

Come, precious shadow face to face;
Be what you were before we parted,
As pale and cold as winter days,
One final time by torment martyred.
Come as a distant star, come near
As does a sound or breeze affluter
Or as a ghost that makes one stutter -
It matters not: I'm here! I'm here!

I call for you, but not because
I blame the folks whose slight infernal
Had killed my friend with countless wrongs,
Nor do I fathom rest eternal,
And not because at times, o dear,
I'm torn by doubt… But dreaming of you
I long to say that I still love you,
That I'm still yours: I'm here! I'm here!

Воспоминание

Когда для смертного умолкнет шумный день,
И на немые стогны града
Полупрозрачная наляжет ночи тень
И сон, дневных трудов награда,
В то время для меня влачатся в тишине
Часы томительного бденья:
В бездействии ночном живей горят во мне
Змеи сердечной угрызенья;
Мечты кипят; в уме, подавленном тоской,
Теснится тяжких дум избыток;
Воспоминание безмолвно предо мной
Свой длинный развивает свиток;
И с отвращением читая жизнь мою,
Я трепещу и проклинаю,
И горько жалуюсь, и горько слезы лью,
Но строк печальных не смываю.

41

Memory

When every mortal sees the bustling day subside
And town squares quiet down in favor
Of gray semitransparent shadows of the night
And sleep rewarding daily labor,
It is the time for me to live through silent hours
That drag in a tormenting vigil:
The night's impassiveness engulfs me and empowers
The snake of guilty heart to fidget.
My dreams aboil, my mind by gloominess suppressed
Is fraught with thoughts, their darkness growing,
And silent memory, which always keeps abreast,
Pulls out its scroll and starts unrolling.
And then I read my life with loathing, all those years;
I rave and rage, and feeling hapless,
I bitterly lament and bitterly shed tears
But scrub no lines I wrote in sadness.

Мадонна

Не множеством картин старинных мастеров
Украсить я всегда желал свою обитель,
Чтоб суеверно им дивился посетитель,
Внимая важному сужденью знатоков.

В простом углу моем, средь медленных трудов,
Одной картины я желал быть вечно зритель,
Одной: чтоб на меня с холста, как с облаков,
Пречистая и наш божественный спаситель —

Она с величием, он с разумом в очах —
Взирали, кроткие, во славе и в лучах,
Одни, без ангелов, под пальмою Сиона.

Исполнились мои желания. Творец
Тебя мне ниспослал, тебя, моя Мадона,
Чистейшей прелести чистейший образец.

42

The Madonna

Not with arrays of artwork by painters of old
I've always keenly wished to decorate my dwelling,
So that a pious guest would find it more compelling
To hear important views of connoisseurs unfold.

One painting I have wished to be a viewer of
Inside my plain retreat where toils are slow and even,
One canvas, whence at me as from the clouds above
The Holiest Mother and Our Savior in heaven -

She with sublimity and he with wisdom - gaze
Exuding meekness, in their glory and in rays,
Alone, no angels, underneath the palm of Zion.

The Maker granted all I wished so humbly - hence
He gave me you, Madonna, you, to be my icon,
A paragon of pure charm in its most pure sense.

На холмах Грузии лежит ночная мгла…

На холмах Грузии лежит ночная мгла;
Шумит Арагва предо мною.
Мне грустно и легко; печаль моя светла;
Печаль моя полна тобою,
Тобой, одной тобой… Унынья моего
Ничто не мучит, не тревожит,
И сердце вновь горит и любит — оттого,
Что не любить оно не может.

43

The Hills of Georgia Are Engulfed by Shades of Night...

The hills of Georgia are engulfed by shades of night;
The loud Ara'gva runs through blackness.
I'm grieved and light of heart; my sadness has been bright;
It's you who filled me with this sadness.
It's you, it's you alone... My sorrow does remain
Unruffled, undisturbed – and nothing
Will change my doting heart which burns and loves again -
My heart won't go on without loving.

Ночь

Мой голос для тебя и ласковый и томный
Тревожит позднее молчанье ночи темной.
Близ ложа моего печальная свеча
Горит; мои стихи, сливаясь и журча,
Текут, ручьи любви, текут, полны тобою.
Во тьме твои глаза блистают предо мною,
Мне улыбаются, и звуки слышу я:
Мой друг, мой нежный друг... люблю... твоя... твоя!..

44

The Night

It is for you my voice, affectionate and tender,
Disturbs the silence of the night's belated splendor.
A wistful candle sadly flickers by my bed,
Still burns; my rhymes still splatter quietly and blend
And flow, the springs of love, to you they're gently flowing,
And brightly in the dark your wondrous eyes are glowing;
They smile, and sounds I hear at which my spirit soars:
My friend, my tender friend... I love... I'm yours... I'm yours!..

45

Пора, мой друг, пора!

Пора, мой друг, пора! покоя сердце просит —
Летят за днями дни, и каждый час уносит
Частичку бытия, а мы с тобой вдвоем
Предполагаем жить, и глядь — как раз умрем.
На свете счастья нет, но есть покой и воля.
Давно завидная мечтается мне доля —
Давно, усталый раб, замыслил я побег
В обитель дальную трудов и чистых нег.

45

It's Time, My Friend, It's Time!

It's time, my friend, it's time! The heart must rest in comfort.
Days quickly follow days; each hour departs encumbered
With one more speck of life, and yet both you and I
Assume that we shall live - lo and behold, we die.
There is no joy in life but peace of mind and freedom.
An enviable fate long have I gladly dreamed of,
And I, a weary slave, have long been plotting since
Escaping far away, to home of toil and bliss.

46

Поэт

Пока не требует поэта
К священной жертве Аполлон,
В заботах суетного света
Он малодушно погружен;
Молчит его святая лира;
Душа вкушает хладный сон,
И меж детей ничтожных мира,
Быть может, всех ничтожней он.

Но лишь божественный глагол
До слуха чуткого коснется,
Душа поэта встрепенется,
Как пробудившийся орел.
Тоскует он в забавах мира,
Людской чуждается молвы,
К ногам народного кумира
Не клонит гордой головы;
Бежит он, дикий и суровый,
И звуков и смятенья полн,
На берега пустынных волн,
В широкошумные дубровы…

46

The Poet

Until Apollo has him summoned
To bring a hallowed sacrifice,
The poet like a common coward
In high life's vanity survives.
His sacred lyre has long been hidden;
Chill slumber holds his soul in thrall,
And of the world's most lowly children
He seems the lowliest of all.

But once it is the Word Divine
He subtly senses has been uttered,
The poet's soul becomes aflutter
And like an eagle starts to climb.
To him all worldly thrills are idle;
He finds all common gossip lame;
And at the feet of no man's idol
Will he incline his head in shame.
And he escapes, morose and savage,
With sounds and turbulence replete,
To shores where waves beat at his feet
And rustling oak trees offer salvage…

Храни меня, мой талисман…

Храни меня, мой талисман,
Храни меня во дни гоненья,
Во дни раскаянья, волненья:
Ты в день печали был мне дан.

Когда подымет океан
Вокруг меня валы ревучи,
Когда грозою грянут тучи, —
Храни меня, мой талисман.

В уединенье чуждых стран,
На лоне скучного покоя,
В тревоге пламенного боя
Храни меня, мой талисман.

Священный сладостный обман,
Души волшебное светило…
Оно сокрылось, изменило…
Храни меня, мой талисман.

Пускай же ввек сердечных ран
Не растравит воспоминанье.
Прощай, надежда; спи, желанье;
Храни меня, мой талисман.

47

Do Keep Me Safe, My Talisman...

Do keep me safe, my talisman;
Keep safe through days when I am banished,
Days I am penitent or anguished;
The day they gave me you was glum.

When ocean waves arise and run
And roar their threats to pull me under,
When clouds explode in rumbling thunder,
Do keep me safe, my talisman.

Away, beneath a foreign sun,
In peacefulness of vapid places,
In jeopardy when battle blazes,
Do keep me safe, my talisman.

The sacred, sweet deceit is gone;
The soul's bright sun that worked its magic
Has hidden, its betrayal tragic...
Do keep me safe, my talisman.

May never memories, not one,
Make former wounds of love reopen.
All hope, farewell; desire, sleep unwoken;
Do keep me safe, my talisman.

48

Элегия

Безумных лет угасшее веселье
Мне тяжело, как смутное похмелье.
Но, как вино — печаль минувших дней
В моей душе чем старе, тем сильней.
Мой путь уныл. Сулит мне труд и горе
Грядущего волнуемое море.

Но не хочу, о други, умирать;
Я жить хочу, чтоб мыслить и страдать;
И ведаю, мне будут наслажденья
Меж горестей, забот и треволненья:
Порой опять гармонией упьюсь,
Над вымыслом слезами обольюсь,
И может быть — на мой закат печальный
Блеснет любовь улыбкою прощальной.

48

Elegy

The frantic years of romps and burned-out laughter
Are hard on me like aches the morning after.
But like the wine that always takes its toll,
Past woes get stronger aging in my soul.
I ride through gloom. There is but toil and sorrow
I see in troubled waters of tomorrow.

But trust me, friends, I do not wish to die;
I wish I'd live to reason and to cry;
I'm sure of pleasures for me in the making
Amid the trepidation, grief and aching:
I'll feast again when harmony appears,
And over fiction I'll be shedding tears.
One day amid my sunset's saddened passing,
A love may shine her smile at me in parting.

Не дай мне бог сойти с ума…

Не дай мне бог сойти с ума.
Нет, легче посох и сума;
Нет, легче труд и глад.
Не то, чтоб разумом моим
Я дорожил; не то, чтоб с ним
Расстаться был не рад:

Когда б оставили меня
На воле, как бы резво я
Пустился в темный лес!
Я пел бы в пламенном бреду,
Я забывался бы в чаду
Нестройных, чудных грез.

И я б заслушивался волн,
И я глядел бы, счастья полн,
В пустые небеса;
И силен, волен был бы я,
Как вихорь, роющий поля,
Ломающий леса.

Да вот беда: сойди с ума,
И страшен будешь как чума,
Как раз тебя запрут,
Посадят на цепь дурака
И сквозь решетку как зверка
Дразнить тебя придут.

А ночью слышать буду я
Не голос яркий соловья,
Не шум глухой дубров —

А крик товарищей моих,
Да брань смотрителей ночных,
Да визг, да звон оков.

Oh Lord, Don't Let Me Go Insane...

Oh Lord, don't let me go insane.
To starve and beg would be less pain;
To toil and sweat less load.
It's not that I have set much store
By sanity, that evermore
To part with it I'm loath:

If only they would leave me free,
Oh, how I'd swiftly run to be
By wildest woods and streams!
And I would sing in flaming craze
And lose all senses in a daze
Of wayward, wondrous dreams.

I'd hear the waves in sheer delight
And revel in the happy sight
Of empty, spacious skies;
If free, with all the strength to wield,
I'd match a storm that plows a field
And crushes woods at times.

Too bad if you were deemed insane:
They'd treat you as a deadly bane
And see that you were locked;
They'd hold in chains the wretched fool,
And like a beast, with taunting cruel
They'd keep you caged and mocked.

All I would hear all night long
Is not a nightingale's bright song
Or rustling oaks in vales -
I'd hear my friends scream in the dark,
And nighttime watchmen's beastly bark,
And screech and clang of chains.

50

19 октября

Роняет лес багряный свой убор,
Сребрит мороз увянувшее поле,
Проглянет день как будто поневоле
И скроется за край окружных гор.
Пылай, камин, в моей пустынной келье;
А ты, вино, осенней стужи друг,
Пролей мне в грудь отрадное похмелье,
Минутное забвенье горьких мук.

Печален я: со мною друга нет,
С кем долгую запил бы я разлуку,
Кому бы мог пожать от сердца руку
И пожелать веселых много лет.
Я пью один; вотще воображенье
Вокруг меня товарищей зовет;
Знакомое не слышно приближенье,
И милого душа моя не ждет.

Я пью один, и на брегах Невы
Меня друзья сегодня именуют…
Но многие ль и там из вас пируют?
Еще кого не досчитались вы?
Кто изменил пленительной привычке?
Кого от вас увлек холодный свет?
Чей глас умолк на братской перекличке?
Кто не пришел? Кого меж вами нет?

50

October 19
The Forest Drops Its Garb in Crimson Rich...

The forest drops its garb in crimson rich;
The frosted field is silvery and faded;
Reluctant daylight shows and, soon dissuaded,
Conceals itself behind a nearby ridge.
Keep burning, fireplace, and warm the lonely rover,
And you, my wine, a friend of autumn chills,
Fill up my chest with pleasureful hangover,
A short oblivion of long endured ills.

I'm sad: no friend of mine is by my side
With whom I'd drown in wine the separation,
Whose hand I'd shake in hearty animation
And wish a life of mischievous delight.
I drink alone; my fancy to no purpose
Calls up the ones who are my lifelong mates;
There's nobody approaching - none will surface;
There's not one dear lad my soul awaits.

I drink alone while on the Néva shore
My friends salute me as they get together...
And yet how many does the feasting gather?
Who else is not this time accounted for?
Which ones betrayed the fascinating custom?
Who chose the heartless upper crust to woo?
Whose voice is silent at the brothers' summon?
Who did not come? Who does not feast with you?

Он не пришел, кудрявый наш певец,
С огнем в очах, с гитарой сладкогласной:
Под миртами Италии прекрасной
Он тихо спит, и дружеский резец
Не начертал над русскою могилой
Слов несколько на языке родном,
Чтоб некогда нашел привет унылый
Сын севера, бродя в краю чужом.

Сидишь ли ты в кругу своих друзей,
Чужих небес любовник беспокойный?
Иль снова ты проходишь тропик знойный
И вечный лед полунощных морей?
Счастливый путь!.. С лицейского порога
Ты на корабль перешагнул шутя,
И с той поры в морях твоя дорога,
О волн и бурь любимое дитя!

Ты сохранил в блуждающей судьбе
Прекрасных лет первоначальны нравы:
Лицейский шум, лицейские забавы
Средь бурных волн мечталися тебе;
Ты простирал из-за моря нам руку,
Ты нас одних в младой душе носил
И повторял: «На долгую разлуку
Нас тайный рок, быть может, осудил!»

Друзья мои, прекрасен наш союз!
Он как душа неразделим и вечен —
Неколебим, свободен и беспечен,
Срастался он под сенью дружных муз.
Куда бы нас ни бросила судьбина
И счастие куда б ни повело,
Всё те же мы: нам целый мир чужбина;
Отечество нам Царское Село,

He did not come, our curly-headed bard;
His eyes were fire, his strings so sweet and fertile:
Beneath fair Italy's lush crowns of myrtle
He sleeps in peace; no friendly chisel carved
The tombstone where the Russian soul is buried
With proper words in his God-given tongue,
So that a foreign land's salute, if arid,
Might greet one day a North's wayfaring son.

I wonder if with friends you sit at ease,
Of someone's foreign skies, you, restless lover,
Or yet over the sultry tropic hover,
Or pass on timeless ice of northern seas.
God speed!.. Out the Lyceum door, your mindset
Had made you climb a ship to distant shores;
The sea became your pathway from the outset,
O best-loved child of ocean waves and storms!

You did preserve in your wayfaring fate
The primal ways of years we spent together:
Lyceum noise and capers free of tether
Were in your dreams amidst the waves irate;
You stretched your hand to us across the ocean;
You had just us embedded in your soul
And rued the day that doom had slyly chosen
Our lengthy separation as a goal!

Our union, friends, is glorious by right!
It's like the soul unbroken and eternal;
Unswerving, free and blithe, our bond fraternal
Was blessed by genial muses to be tight.
Wherever bitter fate would send us trailing
Or blissful hope accompany to roam,
We're still the same and deem the whole world alien;
Tsar's Village is our country and our home.

Из края в край преследуем грозой,
Запутанный в сетях судьбы суровой,
Я с трепетом на лоно дружбы новой,
Устав, приник ласкающей главой…
С мольбой моей печальной и мятежной,
С доверчивой надеждой первых лет,
Друзьям иным душой предался нежной;
Но горек был небратский их привет.

И ныне здесь, в забытой сей глуши,
В обители пустынных вьюг и хлада,
Мне сладкая готовилась отрада:
Троих из вас, друзей моей души,
Здесь обнял я. Поэта дом опальный,
О Пущин мой, ты первый посетил;
Ты усладил изгнанья день печальный,
Ты в день его Лицея превратил.

Ты, Горчаков, счастливец с первых дней,
Хвала тебе — фортуны блеск холодный
Не изменил души твоей свободной:
Всё тот же ты для чести и друзей.
Нам разный путь судьбой назначен строгой;
Ступая в жизнь, мы быстро разошлись:
Но невзначай проселочной дорогой
Мы встретились и братски обнялись.

Когда постиг меня судьбины гнев,
Для всех чужой, как сирота бездомный,
Под бурею главой поник я томной
И ждал тебя, вещун пермесских дев,
И ты пришел, сын лени вдохновенный,
О Дельвиг мой: твой голос пробудил
Сердечный жар, так долго усыпленный,
И бодро я судьбу благословил.

My road, beset by storms from end to end,
Had kept me in the clutches of misfortune
Until I rested, in complete exhaustion,
On some new friendship's lap my tender head...
With pleas of heartfelt turbulence and sadness,
With trusting hope of those initial years,
I gave my soul to other friends in gladness,
But bitter were their unfraternal cheers.

And now it's here, in this forsaken nook,
The cold abode that only blizzards favor,
Sweet pleasure was in store for me to savor:
The three of you, my soul's dear friends, I took
Into my arms. The banished poet's domicile
Was where you first, my Púshchin, led the way.
You brightened up a mournful day of exile;
You made it a Lyceum good old day.

You, Gorchakóv, most lucky from the start;
I praise you highly: fortune's chilling glitter
Has failed to force your footloose heart to dither -
Unchanged for friends and honor is your heart.
Harsh fate laid different paths that took us worldwide;
We entered life and parted on our ways,
But then we happened, by a country curbside,
To meet and share a brotherly embrace.

When wrathful fate was causing me distress,
I felt no kinship like a homeless orphan;
In storm I'd hang my weary head and often
Would call you, seer of maids from Permessus.
Indeed you came, sloth's favored son, high-minded;
Your voice, my Délvig, rang to animate
The heart's old fervor, longtime unrequited,
And with that happy thought I blessed my fate.

С младенчества дух песен в нас горел,
И дивное волненье мы познали;
С младенчества две музы к нам летали,
И сладок был их лаской наш удел:
Но я любил уже рукоплесканья,
Ты, гордый, пел для муз и для души;
Свой дар как жизнь я тратил без вниманья,
Ты гений свой воспитывал в тиши.

Служенье муз не терпит суеты;
Прекрасное должно быть величаво:
Но юность нам советует лукаво,
И шумные нас радуют мечты…
Опомнимся — но поздно! и уныло
Глядим назад, следов не видя там.
Скажи, Вильгельм, не то ль и с нами было,
Мой брат родной по музе, по судьбам?

Пора, пора! душевных наших мук
Не стоит мир; оставим заблужденья!
Сокроем жизнь под сень уединенья!
Я жду тебя, мой запоздалый друг —
Приди; огнем волшебного рассказа
Сердечные преданья оживи;
Поговорим о бурных днях Кавказа,
О Шиллере, о славе, о любви.

Пора и мне… пируйте, о друзья!
Предчувствую отрадное свиданье;
Запомните ж поэта предсказанье:
Промчится год, и с вами снова я,
Исполнится завет моих мечтаний;
Промчится год, и я явлюся к вам!
О сколько слез и сколько восклицаний,
И сколько чаш, подъятых к небесам!

A singing spirit graced our tender age;
We felt a wondrous ardor of no limits;
From tender age two muses paid us visits,
And sweet with their caress was our exchange.
And yet I chose applause and adulation -
You proudly sang for muses and the soul;
I spent my gift like life in aberration -
A genius schooled serenely was your goal.

The ministry of muses brooks no fuss;
All things of beauty must display their grandeur,
But youth will slyly lead astray in rapture
To where rambunctious dreams encompass us...
We come to senses - too late! In dejection
We look behind: no footprints to peruse.
Say, Wílhelm, much like us in retrospection,
O, brother mine by destiny and muse.

It's time, it's time! The worthless world is bent
On torturing our souls. Let's cast illusion
And hide our lives in shadows of seclusion!
I'm waiting for you, my belated friend -
Do come! With magic of your blazing story
Bring legends of the heart again to life;
Let's talk of days the Caucasus was stormy,
Of Schiller, and of glory, and of love.

It's time I closed... But may your feast renew!
I sense our happy meeting with conviction,
And bear in mind the poet's best prediction:
A year flies by and I am back with you;
I'll get the wish for which my soul so hungered;
A year flies by – I'll show before your eyes!
So many tears there will be, greetings uttered,
So many cups will point toward the skies!

И первую полней, друзья, полней!
И всю до дна в честь нашего союза!
Благослови, ликующая муза,
Благослови: да здравствует Лицей!
Наставникам, хранившим юность нашу,
Всем честию, и мертвым и живым,
К устам подъяв признательную чашу,
Не помня зла, за благо воздадим.

Полней, полней! и, сердцем возгоря,
Опять до дна, до капли выпивайте!
Но за кого? о други, угадайте...
Ура, наш царь! так! выпьем за царя.
Он человек! им властвует мгновенье.
Он раб молвы, сомнений и страстей;
Простим ему неправое гоненье:
Он взял Париж, он основал Лицей.

Пируйте же, пока еще мы тут!
Увы, наш круг час от часу редеет;
Кто в гробе спит, кто, дальный, сиротеет;
Судьба глядит, мы вянем; дни бегут;
Невидимо склоняясь и хладея,
Мы близимся к началу своему...
Кому ж из нас под старость день Лицея
Торжествовать придется одному?

Несчастный друг! средь новых поколений
Докучный гость и лишний, и чужой,
Он вспомнит нас и дни соединений,
Закрыв глаза дрожащею рукой...
Пускай же он с отрадой хоть печальной
Тогда сей день за чашей проведет,
Как ныне я, затворник ваш опальный,
Его провел без горя и забот.

Now fill the first one, friends, up to the brim!
And drink it all in honor of our union!
Do bless, triumphant muse, our free communion,
Do bless: long live the dearest Lyceum!
To guardians of our fragile youth, each mentor,
To all by now deceased or living still,
Let's raise a thankful cup and drink to render
The tribute due to them and bear no ill.

Still fuller cups, the fullest cups so far!
Drink bottoms up again, drink every droplet!
Now guess to whom, my lads, you lift a goblet...
Hurray, our Tsar! Let's drink it to the Tsar.
He's just a man and to the moment servile;
He's prey to talk and doubt, by passions ruled;
Let us forgive him for the wrongful exile:
He captured Paris; he founded our school.

Enjoy the feast, my friends, while we are here!
Alas, each counting proves our circle thinner;
Some sleep in graves, some in oblivion linger;
The fate looks on; we fade; days disappear.
Invisibly we stoop, and, growing colder,
We head to our beginnings – each his own...
Which one of us as he, in age far older,
Will celebrate Lyceum Day alone?

My hapless friend! To future breeds of humans
An awkward guest, a stranger in the land,
He'll think of us and days of our reunions
And shield his eyes with an unsteady hand...
May he be pleased, if somewhat disconcerted,
Over a drink, as through this day he'll fare,
The way that I, your wrongly banished hermit,
Has spent this day without much grief or care.

About the Translator:

Yuri Menis was born in Ukraine in 1952 and became a US citizen in 2000. He has been a translator, interpreter, and teacher for many years. Translated and published the poetry of Ralph Waldo Emerson, Henry Wordsworth Longfellow, Thomas Moore, Wystan Hugh Auden, Edna Millay, William Butler Yeats, Boris Pasternak, and other authors.

Yuri Menis lives in Northern Virginia with his wife Oksana and two daughters, Vikki and Nikki.